SUR LE BOSPHORE.

BYZANCE ET STAMBOUL

I

Byzance (Βυζάντιον) fut, à l'origine, une colonie mégarienne. Pour favoriser ses intérêts commerciaux dans la mer Noire, Mégare fonda sur le Bosphore de Thrace, avec le consentement de Byzas, souverain de ce pays, une ville qui reçut le nom de ce prince. Elle occupa l'emplacement d'une localité appelée Lygos, sur les deux collines du promontoire triangulaire, entre la Propontide (mer de Marmara) et le Bosporos (détroit). La date de cette fondation est incertaine. Suivant les mythologues grecs, elle remontait à la première année de l'expédition des Argonautes. Eusèbe la fait coïncider historiquement avec la 3e année de la 30e olympiade (654 av. J.-C.). D'autres la placent quatre ans plus tôt.

L'endentation très accusée qui pénétrait dans les terres à une distance de soixante stades offrait en cet endroit, sous la forme d'une corne de cerf (Κέρας) un abri vaste et sûr à la navigation. En outre, l'énorme quantité de thons (*pelamydes*), affluant dans ce détroit enrichissait le port. D'où l'appellation de Χρυσόκέρας (corne d'or).

Cependant, malgré ces avantages, Byzance n'eut, pendant longtemps, pas l'importance espérée par ses fondateurs. La chute de Mégare, la victoire des Perses sur les Grecs de l'Asie Mineure, l'expédition de Xerxès, qui força les habitants à chercher un refuge à Mesambria dans le Pont; la dévastation de la ville par l'armée du conquérant, les agressions de ses voisins contribuèrent tour à tour à atteindre dans ses forces vitales la colonie subjuguée par Darius Hystaspes.

Pausanias répara ces maux après la bataille de Platée et releva Byzance de ses ruines. Il y construisit une forteresse et donna à la population les institutions de Lacédémone. Les luttes des Grecs entre eux, leurs conflits avec les satrapes n'empêchèrent pas les progrès des Byzantins, qui passèrent successivement sous la domination de Sparte et sous celle d'Athènes. A la fin de la guerre du Péloponèse, ils constituaient une agglomération redoutée. Leurs démêlés avec les Thraces tournèrent à leur profit. Byzance devint le grand emporium des blés de l'Orient. La liberté qu'elle conquit, lorsque Sparte succomba, la rendit encore plus florissante. Alexandre lui laissa une certaine autonomie. Après la mort de ce roi, elle soutint Antigone contre Polysperchon en 318 et secourut Héraclée, qu'elle avait fondée, et qui était menacée par Séleucus. Les Gaulois, que la défaite de Brennus avait poussés en Thrace vers 279, l'obligèrent pendant quelque temps à leur payer un tribut. Forcés, pour subvenir à cet engagement, de frapper d'un droit de péage les navires qui traversaient le canal, les Byzantins se trouvèrent aux prises avec les Rhodiens. Pour leur tenir tête, ils se rapprochèrent des Romains, lorsque ces derniers, à l'issue de la seconde guerre punique, s'ingérèrent dans les affaires des Grecs et des Asiatiques. Cette alliance de Byzance avec Rome inaugura une nouvelle ère de prospérité. Rome donna aux Byzantins le monopole du commerce dans le Pont. Les bénéfices considérables qu'ils réalisèrent, grâce à cette concession, leur permirent de bâtir, pour la défense de la ville, des remparts, des portes, des murailles, des ouvrages en pierre, qui la protégèrent contre toutes les attaques.

Cette situation se prolongea jusqu'à l'époque de Septime Sévère. Byzance, qui s'était prononcée contre lui en faveur de Pescennius Niger, fut assiégée. Après trois ans de résistance, la ville, épuisée, n'ayant plus de vivres, dut capituler. Le vainqueur la détruisit de fond en comble, en lui enlevant toute autorité propre et tout moyen de développement. Il lui fallut près d'un siècle pour recouvrer tout ce qu'elle avait perdu, d'autant plus que, sous Gallien, sa garnison la livra au pillage, en massacrant un très grand nombre de ses habitants. En 268 de notre ère, elle était déjà redevenue assez puissante pour fournir un appui des plus efficaces à Claude II dans sa campagne victorieuse contre les Goths.

La splendeur de Byzance atteignit son apogée lorsque Constantin le Grand (en 330 ap. J.-C.) y transféra le siège de son empire sous le nom de Constantinople (Κονσταντινούπολις).

L'ancienne Byzance avait, suivant l'historien Denys, un circuit de quarante stades et ne comprenait dans son enceinte que deux collines. Constantin l'agrandit considérablement en y faisant entrer la troisième, la quatrième et une partie de la cinquième colline et en lui donnant un périmètre de près d'un mille et demi géographique. L'achèvement de ces immenses travaux n'eut lieu qu'en 357, et jusque sous le règne de Théodose on le célébra par des fêtes solennelles. La population de Constantinople s'accrut par suite de ces agrandissements. On bâtit de nouveaux quartiers, on érigea de nouvelles murailles. Peu à peu la ville embrassa les sept collines. Sous Héraclius (610) elle atteignit sa plus grande étendue, égalant et dépassant même celle de Rome, dont elle ne parvint pourtant pas à être la rivale par le nombre et la magnificence des édifices.

Des révoltes, des attaques, des tremblements de terre, des inondations lui causèrent de terribles dommages. Les factions du cirque, les querelles des verts et des bleus, commencées dans l'arène et dégénérées en luttes politiques et religieuses acharnées, mirent, sous Justinien, la ville à feu et à sang. Les agressions continuelles des Barbares, qui assaillaient l'empire d'Orient jusque sous les murs de sa capitale, forcèrent l'empereur Anastase, en 512, à bâtir un mur de 20 pieds d'épaisseur et d'une hauteur correspondante, qui allait de Selymbria à Derkos, en passant par la pointe de la presqu'île de Thrace. Ce mur, qui fut détruit en partie par le tremblement de terre de 538 et rebâti par Justinien, avait, malgré sa longueur, peu de valeur stratégique. Les Arabes n'eurent pas de peine à y pratiquer des brèches et se présentèrent devant Constantinople en 619. Chosroes vint également l'assiéger en 626, pendant que des remparts de la ville on voyait à l'Orient les feux de bivouac des Perses. Les Arabes donnèrent dix fois l'assaut sans résultat. Durant ces dix journées les habitants assiégés montrèrent une énergie et une bravoure admirables. Leurs vaisseaux, mieux équipés que ceux de l'ennemi, eurent le dessus dans le canal et empêchèrent la jonction des Arabes et des Perses. Le siège fut enfin levé.

Sept fois, de 654 à 798, les Arabes vinrent menacer la capitale, qui ne fut sauvée, pour ainsi dire miraculeusement, que par le feu grégeois. L'empire était tellement affaibli qu'en 715 il dut accorder aux musulmans le droit de célébrer leur culte dans la mosquée qu'ils bâtirent tout à côté de l'église de Sainte-Irène.

La peste, la famine, les catastrophes géologiques, les sièges successifs tentés par les Bulgares et les Slaves renouvelèrent presque sans interruption les fléaux dont la ville eut à souffrir. Mais la population fit, au milieu de tous ces malheurs, preuve d'un courage héroïque. Depuis Constantin, elle avait résisté à quatorze blocus, lorsque, en 1203, les croisés et les Vénitiens, appelés par l'empereur Alexis IV, vinrent l'assiéger sous la conduite de Baudouin de Flandre et du doge Dandolo.

A la suite des différends entre Alexis et ses alliés, les croisés envahirent la ville, la pillèrent, l'incendièrent et firent un carnage de sa population. Ainsi commença l'empire latin d'Orient, qui précipita, en ses soixante-cinq ans de durée, la décadence de Constantinople. La ville, conquise par Michel Paléologue le 25 juillet 1261, rentra, il est vrai, sous l'autorité des empereurs de Byzance, mais ils ne purent arrêter son déclin. Leur impuissance et leur incurie furent telles que la mer renversa les murs. Andronicus II puis Jean les reconstruisirent en élevant la double enceinte, encore debout, qui va de la porte du Palais (terminus du port) jusqu'à la porte d'Or (terminus du côté de la mer). De 1295 à 1352, les luttes avec les autres centres de commerce furent incessantes. Dès Justinien, des marchands de Venise s'étaient établis à Galata et à Péra. Alexis Comnène avait donné à ces étrangers un quartier privilégié, l'Embolos, dans Constantinople même. Sous Manuel Ier, ils durent partager ces avantages avec les Persans, jusqu'à ce que Michel Paléologue les en dépouilla les uns et les autres pour favoriser les Génois. Les rivalités politiques provoquées entre Vénitiens et Génois par cette résolution suscitèrent des guerres dont Galata et Constantinople furent le théâtre, et au cours desquelles les empereurs de Byzance prirent parti, les uns pour Gênes, les autres pour Venise, jusqu'à l'avènement de Jean Cantacuzène. L'avant-dernière de ces guerres (1348) inquiéta les Byzantins tellement qu'ils creusèrent, en 1350, de profonds fossés au pied de la muraille, pour se défendre au nord contre les Génois.

II

Alors parurent les Turcs, ennemis plus redoutables que tous ceux qu'avait connus Constantinople. Elle ne parvint à éloigner Bajazet en

1395 qu'en acceptant les conditions les plus dures et les plus outrageantes. Elle dut permettre aux Turcs de se réserver dans la ville un quartier, un tribunal, une mosquée, où ils seraient entièrement libres et maîtres chez eux. Ce ne fut pas tout. En 1424 les Osmanlis revinrent en proclamant qu'ils voulaient accomplir la parole du prophète, qui promettait Constantinople aux croyants. Cette fois encore, les habitants achetèrent leur indépendance par de nouvelles concessions, et Mourad II se retira. Mais ni la résignation et l'humiliation que Manuel II et ses fils opposèrent lâchement à l'orgueil des Turcs, ni la tentative faite en 1438 par Jean VI de cimenter une alliance entre les églises latine et grecque, pour leur sauvegarde réciproque, ne purent faire obstacle plus longtemps aux vainqueurs encouragés par leurs succès. Le 6 avril 1453, Mohamed II campa avec 250.000 hommes, des canons et des engins de siège devant Constantinople. que Constantin IX ne défendait qu'avec 8,000 soldats.

Le sultan n'attaqua d'abord la ville que par terre. Ses troupes s'étalèrent de la porte d'Or à la porte de Bois, sur une étendue de deux lieues. Mohamed lui-même s'établit avec 1,200 janissaires, se posta sur la colline qui faisait face à la porte Kaligaria (aujourd'hui Egri Kapussi) Les Turcs avaient, parmi leurs canons, une bombarde qui faisait plus de bruit que de besogne, quoiqu'elle lançât des projectiles pesant jusqu'à six cents livres. Les premières attaques furent repoussées et les assiégeants perdirent beaucoup de monde, grâce au feu grégeois et à la pluie d'huile bouillante et de pierres énormes qui tombaient sans relâche du haut des remparts en faisant des milliers de victimes.

Cependant Mohamed parvint à faire entrer quatre-vingts de ses vaisseaux dans le port, barricadé de chaînes. Dès ce moment, Constantinople était perdue. Le 29 mai, l'assaut commença. A la pointe du jour. l'artillerie turque ouvrit le feu en même temps par mer et par terre. Mohamed avait eu la précaution de faire donner d'abord ses troupes les moins bonnes, puis celles qui valaient mieux, et ainsi de suite, jusqu'à ce que les soldats d'élite fussent appelés à se mesurer avec les Grecs et les Génois, épuisés. Malgré cette tactique, les assiégés restaient victorieux, lorsque le chef des Génois, Giustiniani. qui avait reçu une blessure insignifiante à la main, se replia. Les Grecs ne se montrèrent pas plus courageux. Alors les Turcs escaladèrent les murailles et un janissaire. de taille gigantesque, franchit la porte Kaligaria.

A dix heures du matin, les Turcs étaient maîtres de la ville. Ils s'y répandirent dans tous les quartiers, massacrant sans merci tous ceux qu'ils rencontraient. Une partie de la population se réfugia dans l'église de Sainte-Sophie. où elle attendit l'apparition de l'ange qui devait les sauver. L'empereur comprit mieux son devoir. Il se porta vers la porte Kaligaria, où il espérait pouvoir encore refouler le flot de l'invasion. Tous ceux qui l'accompagnaient succombèrent sous le nombre. Lui-même tomba à la fin, criblé de blessures. On retrouva son cadavre le lendemain et on le reconnut à son vêtement de pourpre brodé d'aigles d'or. Un Turc lui coupa la tête, qui fut envoyée au sultan et transportée, par son ordre, dans toutes les grandes villes d'Asie et de Thrace, en témoignage de sa victoire. Les atrocités commises par les vainqueurs sont racontées par les historiens contemporains. Ce fut horrible. Le pillage et le carnage ne cessèrent que lorsque Mohamed, à huit heures du soir, fit son entrée par la brèche.

L'église de Sainte-Sophie fut transformée en mosquée, les images de saints brisées, les ornements de prêtres distribués aux soldats, les chasu-

LE VIEUX QUARTIER TURC A SCUTARI.

Mohamed. Le nom même de Constantinople ne fut pas maintenu. On l'appela Stamboul. Plus tard les musulmans lui donnèrent aussi l'appellation d'Istambail et d'Oumedourja (mère du monde).

Ce que les Turcs ne rendirent point à la ville, ce fut son antique éclat Mohamed II s'efforça de ramener le commerce en accordant de nouvelles lois de protection aux Génois et en mettant tout en œuvre pour faire de la capitale des sultans la merveille de l'univers. Ni lui ni ses successeurs n'y réussirent. L'empire ottoman n'eut qu'une très courte période de tranquillité et de richesse. La mort de Soliman Ier mit fin à cette splendeur factice. Sous Selim II et ceux qui viennent après lui, la décadence progressive fut inéluctable. Les incendies de 1714, 1748, 1755, 1782, 1784, 1808, 1816, 1817, allumés par la malveillance, réduisirent plusieurs quartiers en cendres et n'épargnèrent pas même le palais des sultans. Les émeutes ensanglantèrent la ville. Les janissaires se révoltèrent à toute occasion. La plus formidable de ces insurrections eut lieu dans la nuit du 15 au 16 juin 1826. On vit, 30,000 janissaires, mettre le feu au palais du grand vizir et à d'autres édifices. Mahmoud II n'eut que le temps de rassembler à la hâte une armée de 50,000 hommes dans laquelle on enrégimenta jusqu'aux pages de la cour et les eunuques du sérail. Le sultan marcha contre les insurgés en faisant porter devant lui la bannière du Prophète. Les janissaires s'étaient retranchés sur l'Alméidan. Le combat fut acharné. Vers la fin de la journée, les insurgés plièrent ; ils allaient prendre la fuite, quand les soldats de Mahmoud, prévenant leur mouvement, fondirent sur eux et les massacrèrent. Plusieurs se jetèrent dans les cavernes, qu'ils incendièrent, et y périrent dans les flammes. L'ordre régna ainsi dans Constantinople. On employa deux jours entiers à jeter les cadavres, au nombre de plus de 20,000, dans la mer.

Depuis cette tuerie, les sultans imposent leur souveraineté par la terreur.

Charles Simond.

LE PONT A CONSTANTINOPLE.

CONSTANTINOPLE [1]

I

Quand mon jeune ami Georges Daudet est venu m'appeler dans ma cabine pour me dire que nous étions à Roumélie-Kavak, à l'entrée du Bosphore; quand je suis monté sur le pont armé d'une bonne lorgnette à longue portée et que j'ai vu le Bosphore devant moi, tout d'abord je suis parti d'un immense éclat de rire. J'avais lu des quantités de livres qui racontent le Bosphore; j'en avais vu des dessins, des photographies, des tableaux; eh bien, j'affirme que ce que je voyais ne ressemblait absolument en rien à ce que je m'étais figuré. Je m'étais créé un Bosphore tout particulier : une ville immense, s'étageant sur des collines vertes, assise sur la rive d'une sorte de fleuve qui s'étendait à perte de vue, parsemée de minarets aux clochetons élancés, dominée par la coupole arrondie de Saint-Sophie, et, en face, se perdant un peu sur le fond de l'horizon, la côte d'Asie, silencieuse aride, dorée... Ce que je voyais en passant par Kavak, était-ce plus beau que ce que j'avais rêvé ? Oui, parce que l'imagination humaine, quelque vagabonde qu'elle puisse être, ne peut point rêver le beau infini; ce que j'avais sous mes yeux était infiniment beau, et surtout infiniment plus beau que ce que l'on peut rêver. Eh bien, ce qui m'est arrivé, à moi, arrivera à ceux qui me liront et qui liront cent autres descriptions encore.

(1) Extrait de l'ouvrage intitulé · *Une course à Constantinople*, par DE BLOWITZ. (Librairie Plon.)

Quand ils entreront dans le Bosphore, ils s'apercevront qu'ils n'en avaient absolument aucune idée exacte; et ceux qui me liront sans voir Constantinople se feront un Bosphore à eux, un Bosphore fantaisiste et portatif, dont l'image rêvée les plongera dans une illusion douce et sans réveil.

Sur la rive européenne qui se déroule à droite, comme sur la rive asiatique qui se déroule à gauche, vingt lieux différents, vingt mosquées, vingt villages, cent palais s'étendent le long du Bosphore, coupent les ravins qui grimpent dans la colline, couvrent les collines vertes qui descendent vers les flots.

Les palais blancs font de grandes taches lumineuses sur le fond opaque des maisons; les villages, qui se groupent, émergent, confus et bigarrés, sur les parois des hauteurs assombries. La côte asiatique, moins brillante, moins luxuriante, moins animée, à de rares intervalles seulement, offre au regard du passant quelque point de repère lumineux.

A droite, du côté de l'Europe, le mouvement est plus vif sur le bord du grand lac allongé que l'on parcourt, et l'histoire du jour, celle qui vit et celle que nous vivons, tout entière s'est réfugiée sur cette rive européenne.

Voici Buyuk-Déré. Elle ressemble aux petites villes ensoleillées qui fourmillent le long de la rivière de Gênes; des maisons gaies et qui portent l'enseigne du bien-être vont de Yeni-Mahalli qui la précède à Keffelli-Kieui qui la suit.

Le bateau passe devant Térapia. Les ambassades s'y coudoient : blanches, rouges, vertes.

Voici les tours épaisses et ruinées de cette œuvre admirable, Roumeli-Hissar; voici Bebeck, et voici Arnaout-Kieui avec sa mosquée. Une jolie mosquée, bien carrée, bien ornée en sucre candi, avec des arabesques en sucre cristallisé. S'il pleuvait souvent dans ce pays, il y a longtemps qu'elle serait fondue. Malheureusement il y pleut fort rarement.

De l'autre côté, en Asie, sur une légère hauteur, un peu en arrière, vers les « Eaux douces », une villa à colonnade, dans le style italien, à façade jaune, colonnes de marbre blanc.

C'est la villa bâtie par Ismaïl-Pacha, l'ancien vice-roi d'Égypte, à l'époque où il faisait changer le firman de succession, et où il éblouissait Constantinople par la splendeur de ses fêtes. Ismaïl en a fait cadeau au Sultan, et je crois que celui-ci n'en fait rien du tout.

Plus loin encore, sur la rive asiatique aussi, le kiosque de Beylerbey, où est la partie destinée au harem, le « haremlik », aujourd'hui inoccupé, et qui ne diffère du « salemlik », c'est-à-dire de la partie où l'on reçoit et où se tiennent les hommes, que parce qu'elle est subdivisée de façon à former plusieurs logements complets et séparés, et que ses fenêtres sont pourvues de plaques de fer percées à jour, qui permettent de regarder sans être vu du dehors.

C'est à Beylerbey que, sous la somptueuse hospitalité d'Abd-ul-Aziz, demeurait l'impératrice Eugénie, lors de son passage à Constantinople, en se rendant à Suez. Je ne sais si Beylerbey porte le deuil de cette visite éclatante, mais c'est une grandeur déchue aussi, que ce kiosque qui brille sur la côte d'Asie, et dont de rares visiteurs seuls foulent le marbre sonore et parcourent les salons clinquants, les galeries de peintures incohérentes et les appartements, qui sont comme une débauche de tapissier surexcité, livré

CAFÉ TURC.

à lui-même, et du goût le plus douteux. On vous montre encore à Beylerbey, dans une cage énorme, deux tigres, un mâle et sa femelle, qui semblent souffrir d'un spleen profond, et que l'on excite en frôlant un bâton contre les barreaux de leur cage. Ces deux tigres résument pour moi tout ce que j'ai vu à Constantinople du fameux luxe assiatique, et c'est pourquoi j'en parle.

Voici, en revenant sur la rive droite, le palais de Tcheragan. C'est pour un Européen la chose la plus étrange, la plus invraisemblable que l'on puisse imaginer, que ce palais de Tcheragan que je regarderai encore en quittant Constantinople après un séjour de deux semaines, sans pouvoir comprimer un sentiment d'irrémédiable stupéfaction.

Oui, de tout ce que j'ai vu et observé à Constantinople, le palais de Tcheragan, avec ses fenêtres mystérieusement closes, avec son grand escalier de marbre blanc, évoluant en double vers le parterre à moitié négligé qui donne sur le Bosphore, ce grand palais de Tcheragan est la chose la plus bizarre, la plus incroyable et la plus émouvante.

Au printemps de 1876, Ruschdi-Pacha, grand vizir; Hussen-Avni-Pacha, ministre de la guerre, et Midhat-Pacha, ministre de la justice, conspirent la chute d'Abd-ul-Aziz et le détrônent.

Abd-ul-Aziz était, à ce moment, en pleine illusion sur son pouvoir et sur ses ressources.

Il se croyait maître absolu de son empire, maître de l'insurrection qui enflammait les Balkans, maître d'inépuisables trésors.

Il était en train, digne descendant de ces bâtisseurs affolés et souverains qui ont gaspillé les plus pures richesses de l'empire à couvrir le sol de constructions sans but et sans goût, il était en train de bâtir une mosquée nouvelle, immense, en pierre de taille et en marbre, dont les colonnes à venir émergent aujourd'hui à deux mètres du sol, sur la route de Nichanne-Tache à Dolma-Bagchi, et sur une étendue qui permet de calculer la somme fabuleuse qu'il y aurait engloutie si la mort, une mort violente, n'avait arrêté la dernière de ses prodigalités projetées.

C'est à ce moment qu'une conspiration victorieuse le renversa de son trône et appela pour lui succéder Mourad-Khan V, le deuxième fils d'Abd-ul-Medjid. Mourad, qui était alors âgé de trente-cinq ans, monta sur le trône.

Dix jours après son avènement, Abd-ul-Aziz périt de mort violente : suicide, disent les uns; assassinat, disent les autres; et, à cette heure encore, bien que la majorité des opinions penche pour l'assassinat, ce serait une témérité historique que de l'affirmer.

Quelques jours après la mort d'Abd-ul-Aziz, un des trois ministres conspirateurs qui l'avaient détrôné, Hussein-Avni-Pacha, est assassiné lui-même par le Circassien Hassan, en plein conseil des ministres tenu chez Midhat.

Constantinople semble entrer dans une ère de sang, et Hassan, misérablement pendu, presque au ras du sol, ajoute encore à l'horreur du moment. Tant d'événements frappent l'esprit déjà faible et la santé déjà chancelante de Mourad. Il pense, il craint qu'on ne lui impute l'assassinat de son oncle; il devient sombre, irrité, éclatant parfois en fureurs inattendues.

Aussi, bientôt une lutte s'engage entre Ruschdi et Midhat, qui se disputent le pouvoir.

Ruschdi-Pacha veut maintenir Mourad; Midhat, qui se flatte de demeurer tout-puissant sous Abd-ul-Hamid, veut le renverser.

C'est Midhat qui l'emporte.

Une assemblée générale des ministres et de hauts fonctionnaires de la Porte se réunit; Mourad est déclaré fou, incapable de gouverner, conduit à Tcheragan; et le 31 août 1876, après quelques semaines de règne de Mourad, Abd-ul-Hamid-Khan II monte sur le trône.

Depuis, dans ce palais de Tcheragan, dont la grande et splendide façade s'étend le long du Bosphore, sur les bords de ce chemin qui conduit vers Constantinople les navires du monde entier, sur les rives de cette grande route dont l'univers civilisé contemple le seuil lumineux de l'Orient, Mourad demeure enfermé.

Sur le quai qui sépare le Bosphore de la grille qui ferme la façade du palais de Tcheragan, sept fonctionnaires, le fusil chargé, nuit et jour défendent l'approche du palais.

Nul piéton ne peut passer sur ce quai, et les bateaux et les caïques qui s'en approchent sont hélés par les sentinelles, qui leur crient de passer au large.

Un jour, il y a quelques années, Ali-Suavi, un aventurier, poussé par sa femme, ramasse une centaine de Rouméliotes, fait préparer une voiture et tente, en plein jour, sans conspiration préalable, un coup de main sur Tcheragan. Un officier, prévenu, accourt avec quelques hommes, brûle la cervelle à l'aventurier au moment où Mourad allait entrer dans la voiture, réintègre Mourad et, d'un seul coup de revolver, met fin à la tentative. Depuis lors, rien n'est venu faire supposer qu'il pût exister quelqu'un au monde capable de vouloir changer la destinée de Mourad.

Le palais de Tcheragan garde son mystère à son ombre épaisse, dérobe le prisonnier à l'intérêt et à la curiosité du monde.

Quand nous sommes passés, en arrivant, devant le palais de Tcheragan, un Turc aimable, qui revenait d'Europe, qui était sur le pont du bateau et s'était fait notre cicerone gracieux, nous dit de la façon la plus simple et la plus naturelle : « Voici Tcheragan, c'est là où est enfermé Mourad. — Et là-haut, ce toit noir qui apparaît paisible et doux, à travers la cime jaunissante des arbres? — Celui qui est juste au-dessus de Tcheragan? C'est Yildiz-Kiosque, le kiosque de l'Étoile : c'est là où demeure le sultan Abd-ul-Hamid. » Et notre cicerone passa à un autre point.

II

La *Mouche* du Lloyd qui est venue à notre rencontre nous débarque à l'arsenal Top-Hané. La grille donne sur une place très grande, sur *Meidan* de *Top-Kana*, dont le centre est embelli par une fontaine superbe, un des rares monuments de cette nature que l'on rencontre ici, et qui, avec l'obélisque égyptien et les tronçons de la colonne du serpent d'*Al-Meidani*, forment les plus beaux spécimens de l'espèce. Cette place, ou cette cour immense, de Top-Hané, où l'on ne débarque que par grâce spéciale, est une préface, mais elle fait aux pages qui la suivent un tort irréparable.

Des voitures nous y attendent, dix grandes calèches, hautes sur roues, avec des cochers galonnés, qui ont l'air, cochers, livrées, chevaux et calèches, d'avoir été achetés d'occasion dans un Tattersall de sixième ordre.

Tout cela pourtant avait un air passable encore. Mais aussitôt que nous eûmes franchi la porte, le spectacle navrant des rues nous saisit comme un cauchemar.

Après Top-Hané, on s'engage dans une succession de ruelles infectes, sans air et sans soleil, sans pavé, sans trottoir, ou plutôt ayant de temps en temps quelque pierre en saillie, qui donne sur un trou profond dans lequel on s'attend à sombrer à chaque pas.

Nous montons et nous passons, au risque de les arracher, à travers les tentes des magasins de la rue des Maltais, de sinistre renommée; nous grimpons à gauche, nous tournons, toujours en montant, devant un escalier délabré, nous prenons une route raide, gluante et déshonorée par un horrible tramway au coche vermoulu; nous passons au milieu d'un cimetière coupé en deux, un cimetière maigre, saumâtre, tout en désordre, un fouillis tumulaire qui rappelle les horreurs des cimetières bulgares; puis encore une montée, puis une place où des brocanteurs étalent leur bric-à-brac purulent, puis une rue étroite, un peu plus propre, mais moins pavée que jamais, puis on m'arrête : c'est l'hôtel d'Angleterre.

On me fait monter au troisième étage. Le maître de l'hôtel d'Angleterre — prononcez « Locanta Missiri » — s'excuse de ne pouvoir me donner un étage plus bas. Quel service il m'a rendu!

On nous montre deux chambres sur les côtés, pour Georges Daudet et pour moi; puis j'entre dans le salon qui les précède et qui m'est réservé. Je demeure ravi, transporté, en extase.

Les portes-fenêtres donnent sur une terrasse; de cette terrasse, la ville, le port, la cité et la tour de Galata, Péra, Stamboul, les Minarets, le Bosphore et la Corne-d'Or, la pointe du Sérail, Scutari d'Asie, Kadi-Kieui, les îles Prinkipo, toute cette rêverie ensoleillée, toute cette beauté que rien ne peut ni rendre ni égaler, s'épanouit sous mes yeux. Pendant les quinze jours que j'ai passés à Constantinople, je me suis levé à six heures du matin — à quatre heures quinze de Paris — pour me mettre au travail, et, chaque jour, saisi, fasciné par ce spectacle immense, il m'a fallu m'y arracher, fermer la fenêtre, tirer le rideau pour être capable de faire autre chose que de regarder.

Cette fascination extrême, elle s'exerce sur tous ceux qui viennent à Constantinople, et même sur ceux qui y vivent depuis de longues années déjà

Les caïques, les vaisseaux à voiles et les bateaux à vapeur, à peine balancés par les flots qui se ridaient sous la brise fraîchis-

GUÉRITES DE PÊCHEURS SUR LE BOSPHORE.

sante, semblaient comme endormis dans les bras lascifs de quelque

tandis que les îles de Prinkipo demeuraient ensevelies dans l'ombre bleuâtre d'une nuit d'Orient qui fuyait à regret... Sur le pont de Galata, le mouvement du matin s'annonçait par des sonorités assourdies des pas et des sabots qui le piétinaient dans toutes les directions : Scutari d'Asie, avec ses cent minarets au panache doré, s'estompait à travers l'aube ; la coupole de Sainte-Sophie se colorait aux rayons humides qui émergeaient derrière les toits alourdis de Stamboul ; cette grande féerie, mise en relief par l'air diaphane, se peignait de mille flammes diverses ; et c'était en face et au dedans de moi, sous les yeux de mon corps et sous les regards de mon âme, comme un murmure universel, qui s'échappait en hymnes mystérieux vers le beau suprême, vers le suprême idéal !

Je n'ai rien vu, je ne veux rien voir de plus beau : en écrivant ces lignes, je me sens saisi d'un désir de revoir qui touche à la souffrance.

J'avais, il y a une vingtaine d'années, parcouru avec une obstination héroïque les musées de Bruxelles, d'Anvers, d'Amsterdam, de Rotterdam, de Leyde et de la Haye.

En rentrant en France, je racontai mon voyage pittoresque à un de mes amis.

— C'est fort intéressant, me dit-il, ce que vous avez parcouru. Avez-vous visité le Musée de la Haye ?

— Oui !

— Avez-vous vu, dans une des salles du premier étage, la quatrième, je crois, derrière la grande porte à droite, un petit Van Ostade représentant une noce dans une forêt ?

— Non !

— Eh bien, alors, mon ami, vous n'avez rien vu !

C'est depuis que j'ai juré de ne plus visiter de musées en voyage. Le Louvre me suffit.

Mais si nous n'avons pas visité de musée, on nous a fait visiter le trésor, que l'on ne visite que sur un ordre exprès du Sultan.

Ce qu'il y a de plus charmant dans ce trésor, c'est la confiance dont le Sultan honore ses gardiens.

Ils sont là une vingtaine à se surveiller les uns les autres : des jeunes, des moyens et des vieux. L'un a la clef de la première porte, l'autre enlève la cire, car les scellés sont mis à la seconde porte ; l'autre encore a le sceau pour remettre les scellés, le quatrième tient la clef de la seconde porte, et un autre ouvre la serrure d'en haut ou d'en bas ; puis, une fois les portes ouvertes, une nuée de jeunes étudiants se répand dans toutes les pièces pour suivre avec une égale sollicitude les mouvements des gardiens et des visiteurs. D'ailleurs, en dehors de quelques armes curieuses et de quelques manuscrits rares dont on y soupçonne l'existence, ce trésor ne renferme que des richesses lourdes et sans intérêt artistique.

Il y a là un énorme pétrin en or massif avec des perles et des pierres précieuses, qui est un trône enlevé à un schah de Perse; des émeraudes grosses comme des œufs et des diamants à rendre jalouse une modiste enrichie; mais de goût, de finesse, d'art historique ou de travail raffiné, point.

III

On est venu nous avertir que nous allions visiter Sainte-Sophie. J'éprouve comme une sorte d'inquiétude; j'ai peur d'une déception.

La grande coupole, qui est un des trois grands globes chrétiens élevés par la main enthousiaste des hommes et dressée en l'honneur du Christ, se détache depuis deux jours sur la masse confuse de Stamboul, en face de moi.

Depuis deux jours je n'en puis détourner les yeux. Cette coupole me raconte le triomphe sanglant du croissant sur la croix, l'Europe bouleversée par la plus redoutable des invasions, une doctrine nouvelle, mystérieuse, pénétrant, au choc des armes, au sein du monde chrétien, précédée de la renommée sinistre que des siècles de croisades lointaines ont répandue sur elle, et, après quatre siècles de possession inquiète, agitée, sans cesse battue en brèche par des assauts coalisés, la race qui la professe ne devant ce qui lui reste du vieux monde européen, qu'elle semblait vouloir conquérir tout entier, qu'à la suspicion mutuelle des convoitises qui se débattent autour d'elle.

Eh bien, au moment de voir Sainte-Sophie, il me semble qu'une déception m'y attendra aussitôt que j'en aurai franchi le seuil redoutable.

J'ai vu Saint-Paul d'abord, Saint-Pierre ensuite, et je vais voir Sainte-Sophie.

Oserai-je le dire? J'ai subi un mécompte amer en visitant les deux premiers. Je crains d'en renouveler l'expérience.

Quand nous sommes entrés à la mosquée, comme nous étions très nombreux et que la provision des babouches que l'on vous oblige à mettre était insuffisante pour nous tous, quelques-uns d'entre nous sont montés dans les tours pendant que nous visitions en bas.

J'ai renoncé aux tours. Je n'ai pas voulu atténuer l'impression reçue pendant la visite que je venais de faire.

Les guides nous avaient avertis de ne rien laisser dehors, et nous nous promenions, tenant nos chaussures, nos parapluies et nos chapeaux à la main. Ces guides grecs, dont le voyageur est la victime obligée, sont très sévères contre les Turcs qui sont aux portes des mosquées ou ailleurs, et vous préviennent consciencieusement du vol dont on pourrait être la victime. Pour le guide grec de Constantinople, le voyageur est sacré : il ne doit être volé que par lui!

Nous quittons Sainte-Sophie. Nous parcourons la vieille Stamboul, d'un caractère si obstinément archaïque, et à laquelle l'approche du Courbam-Baïram ajoute des pages plus pittoresques encore. Stamboul est devenue la proie des plus innoffensifs des animaux; on n'y voit que des moutons, et qui ne sont même pas enragés, car ils s'abreuvent à tous les ruisseaux et le rendent aux acquéreurs qui les emportent sur leur dos, comme une hotte à quatre pattes.

Après Stamboul, nous entrons dans le Fanar, un des faubourgs de

MARCHÉ A STAMBOUL.

Stamboul, qui, avec Saint-Demetri et une partie de Galata, constitue le centre de la population grecque, une population dont une partie se venge de la conquête de Byzance par la médiocre réputation qu'elle lui donne.

La grande différence entre le Fanar et Stamboul, c'est qu'à Stamboul nulle tête de femme n'apparaît aux balcons, et que les femmes turques que l'on voit dans la rue, même les plus élégantes avec leur féredjé disgracieusement noué autour de la taille, et leur tête couverte d'un capuchon et d'un voile plus ou moins transparent, laissent l'imagination vraiment tranquille. Au Fanar, au contraire, à mesure que nous passons, les fenêtres en saillie et à grande glace se peuplent de têtes féminines grecques qu'attire le bruit insolite de nos voitures alignées, et qui regardent avec une effronterie intense les têtes curieuses qui le leur rendent.

VUE DU PORT DE CONSTANTINOPLE.

Du Fanar nous alions à Hankoï, au couvent des Derviches tourneurs, situé au fond du Bosphore, dans le quartier et sur le territoire de la mosquée d'Ayoub. Nous passons devant un cimetière fort étendu, et qui, comme toujours,b orde la route, car le Prophète, quand il se promène pour recueillir les âmes des fidèles, ramasse plus facilement celles qui se trouvent sur son chemin.

Nous voici devant la porte basse par laquelle Mahomet pénétra dans la ville; puis, devant la mosquée du compagnon du Prophète, de cet Ayoub tué au premier siège, et où le Sultan, lors de son avènement, va se couronner en ceignant le sabre.

Notre guide nous dit que jamais un chrétien n'a pénétré dans cette mosquée. C'est faux. Trois jours après, un de mes amis à qui je demande si cela est vrai me répond : « C'est encore une bêtise. Prenez un fez; mettez des babouches, et allons-y, si vous voulez. Seulement cela n'en vaut pas la peine, et ce qu'il y a de plus intéressant à Ayoub, ce sont la *turbé*, la *mekteb* et le *medrésé*, c'est-à-dire la chapelle funéraire, l'école primaire et le collège que vous avez vus en passant. »

Enfin, après une longue course dans la campagne, où une bande de petites mendiantes, les plus obstinées que j'ai rencontrées dans ma vie, et dont un officier à cheval qui passe peut seul nous délivrer, nous poursuit pendant trois kilomètres, nous arrivons au couvent de Hankoï.

Nous voyons bien la salle où la cérémonie a lieu tous les mercredis, mais le chef des Derviches est malade, et ils ne tourneront pas aujourd'hui.

Deux d'entre eux seulement nous donnent un léger aperçu de leur danse extatique, et nous nous retirons sans parvenir à les faire tourner davantage.

A Bebek, je vois sur le quai, courant autant qu'un grave musulman peut courir, un homme d'un âge mûr, splendidement vêtu, suivi d'un jeune homme moins élégant que le premier, mais très riche encore de costume.

Ils montent sur le bateau. L'aîné, qui a quarante-huit ans environ, est d'une beauté rare. Son teint brun et chaud, uni comme une pêche mûrie au soleil, se répand sur un visage fier et mâle. Il a de grands yeux noirs et doux, que voilent de longs cils, et qui brillent d'un éclat soudain lorsque ces cils se relèvent.

Toute sa physionomie alors s'éclaire comme un paysage que le soleil naissant arrache aux ombres de la nuit.

Son nez pur et grec, sa bouche pleine, rouge, aux grandes dents d'un ivoire légèrement jauni; l'ombre bleuâtre d'une barbe soigneusement rasée à l'exception des moustaches le front ferme. large, un peu en saillie; une stature de hauteur moyenne, bien prise, carrée dans son ensemble; le cou large et puissant, les épaules athlétiques et mollement arrondies des mains brunes.

fines, nerveuses; une jambe vigoureusement modelée s'échappant d'une tige haute, brillante et plissée; le pantalon flottant, d'un bleu lumineux, soutaché de noir; la veste rouge bordée d'or, aux doubles manches fendues et traînantes; le gilet de même nuance, à boutons d'or minces et ciselés, retenu par deux boutons seulement, ouvert sur une sorte de chemise en cachemire d'une nuance dégradée, et la tête surmontée d'un turban du plus fin tissu du Thibet : cet homme m'apparaît comme le type le plus idéal de la beauté mâle que j'aie jamais rencontré.

J'en demeure frappé d'admiration.

Il s'assied en face de moi, et, gravement, son jeune compagnon derrière lui, il sort son *tesbih* en grain de bois sombre qu'il roule entre ses doigts, et, l'œil perdu, dans le vague, sans que rien le puisse arracher au murmure incessant de ses lèvres, demeure fixé sur le flot du Bosphore.

Une curiosité violente me saisit.

« Demandez-lui qui il est et d'où il vient, » dis-je au guide.

Le guide se penche vers lui et l'interroge.

L'homme lève ses deux grands yeux d'un air à la fois étonné et hautain, examine le subalterne qui ose lui adresser la parole, reprend son chapelet sans même hausser les épaules, et plus rapidement encore se met à réciter le nom d'Allah.

Le guide interloqué me regarde.

« Dites-lui que je suis un étranger qui voyage pour s'instruire, que je lui demande d'où il vient et qui il est, et que le Coran lui commande de répondre à une telle question. »

Le guide hésite un instant, compose sa phrase, et puis, d'une voix incertaine, la lui adresse.

L'homme alors, gardant son tesbih immobile, porte sa main à sa ceinture d'un mouvement qui fait reculer le guide, puis, levant son œil avec une sorte de résignation douloureuse, ouvre la bouche, me regarde, moi, et d'une voix sonore répond : « Je viens de Trébizonde, et je suis le chef de mes frères montagnards. » Après quoi, brusquement comme après un grand effort accompli, il reprend son chapelet.

IV

Le lendemain de notre visite à Sainte-Sophie, nous devions nous rendre à Scutari pour assister à l'exercice des Derviches hurleurs. On ne peut pas quitter et l'on ne doit pas quitter Constantinople sans avoir vu ce spectacle.

Scutari d'Asie (*Uscudar*) est situé sur l'autre rive du Bosphore. Comme toujours, nous traversons la grande rue de Galata, que parcourt l'horrible tramway qui va d'Asab-Kapou à Orta-Kieui, nous passons devant la Bourse et nous mettons pied à terre à l'entrée du pont de Galata, où l'on perçoit un péage exorbitant. pour prendre le bateau qui conduit à Scutari et qui est amarré vers la moitié du pont. On a beau savoir d'avance qu'il suffit de rester une demi-heure sur ce pont pour voir passer tous les types du monde, la surprise n'en demeure pas moins grande. Il faut même le revoir plusieurs fois pour s'habituer à observer en détail les mille types qui défilent sous vos yeux. Ce pont grossièrement construit, coupant la Corne-d'Or en deux et abritant au fond le port du commerce et le port de guerre, est le point le plus vivant. le plus étourdissant de ce grand caravansérail asiatico-européen.

LES CHIENS DE CONSTANTINOPLE.

Toutes les races de l'Asie et de l'Europe s'y coudoient, toutes les langues s'y confondent, tous les costumes s'y produisent, depuis le haillon du mendiant qui hurle le nom d'Allab, jusqu'aux splendeurs asiatiques de quelque chef arabe qui passe sur son cheval étincelant de dorure, suivi et précédé de deux saïs richement vêtus à leur tour, et qui, les coudes contre les hanches et le front ruisselant, trottent auprès du cheval du maître.

Ce pont est comme le lien fragile et facile à briser qui rattache la Stamboul asiatique aux quartiers gréco-européens de Galata et de Péra, et le musulman qui le traverse change pour ainsi dire d'allure et d'aspect dès qu'il y met le pied, soit pour aller de Stamboul à Galata, soit pour se rendre de Galata à Stamboul. Ce sont surtout les femmes turques chez lesquelles cette transformation curieuse se remarque visiblement. Aussitôt que les rares femmes turques que l'on voit du côté de Galata ont franchi le pont et que le pied reprend possession du pavé de Stamboul, l'allure devient plus légère, plus rassurée, le voile se soulève davantage, le féredjé se serre moins scrupuleusement, moins craintivement, autour d'une taille qui se redresse.

Elles sentent qu'elles sont sur un terrain qui leur appartient. Dans les mille rues tortueuses qui aboutissent d'un côté à *Aïwan-Seraï* et de l'autre à *Avrad-Bazari*, le musulman domine presque exclusivement, et c'est tout au plus si, derrière le fez rouge des marchands et des artisans en boutique, vous découvrez

MARCHANDS AMBULANTS DE STAMBOUL.

le Grec et l'Arménien, qui affectent des allures musulmanes.

Le vieux Bazar, au contraire, avec ses hammams râpés dont les tapis en loques respirent l'âcre saveur d'une vapeur incessante et saturée du souffle humain, avec ses grands arceaux dépenaillés qui se perdent à vue d'œil et qui projettent une lumière sordide dans de petites boutiques à fleur de terre, avec ses cuisines en plein vent où l'arome du café se mêle aux odeurs pimentées du pilaf ou du parfum douceâtre du colbac, le vieux Bazar lui-même est devenu la proie des Grecs, des Arméniens et des Juifs.

Sur cent marchands, il n'y en a pas cinq qui sont musulmans. C'est la grande cage où vont s'abattre tous les serins de l'Europe, n'opposant à l'effronterie du marchand, qui demande cinq fois la valeur de l'objet que vous marchandez, que cette fausse pudeur européenne qui vous permet de refuser dix louis à un ami qui souffre, mais qui ne vous permet pas de réclamer quatre-vingts pour cent de rabais au marchand éhonté qui essaye de vous voler sans pudeur.

Cependant, si vous allez au Bazar, ne vous fiez pas au guide, dont vous êtes la chose et la victime pendant votre séjour à Constantinople, et dont il est presque impossible de se passer à une première visite, même en connaissant la langue du pays. Au surplus, ils sont doux, souples, complaisants, infatigables. Ils vous soignent, vous entourent, répondent au pur hasard, mais sans hésiter un instant, à toutes vos questions, et le voyageur qui décrirait Constantinople d'après leur dire écrirait les choses les plus invraisemblables et les plus bouffonnes.

V

Me voici loin, bien loin, du pont de Galata et de notre excursion à Scutari; mais la banalité du sujet que je viens d'effleurer appartient pourtant à ce que doit savoir un voyageur qui observe et à ce qu'il doit dire en racontant ce qu'il a vu.

Nous nous embarquons sur le bateau qui fait le service des deux rives du Bosphore, et sur lequel, à peine installé, un cave dji vous offre du mastic, du raki ou du café. Une voile déchirée, un haillon bruni, pend de haut en bas et cache une partie de l'arrière. C'est le haremlik du bateau.

Quelques-uns d'entre nous ont pris des caïques, et ces frêles oiseaux de mer, légers comme les mouettes dont on approche à deux pas sur le Bosphore sans les effrayer, arrivent aussi vite que le bateau à vapeur. Les bateliers du Bosphore sont certainement aussi habiles que les gondoliers de Venise, mais ils mettent à conduire leur frêle embarcation une telle ardeur, une passion que rien ne peut décrire. Ce n'est pas que le caïque tienne beaucoup de place; c'est un prodige d'équilibre, et si un pigeon venait se poser sur le bord, il risquerait de le faire chavirer. Le siège, c'est un coussin posé sur le fond du bateau, et lorsque vous y entrez, le batelier a soin de vous écarter les jambes, l'une contre bâbord, l'autre contre tribord, et gare! ne bougez plus. Lui-même s'assied en face de vous, à la surface du caïque, couvert d'une veste, d'une tunique, le fez sur la tête, nu-pieds. Les rames légères à la main, amincies vers le haut, formant presque boule, là où la palette commence, il s'arc-boute contre une planchette mise en travers, rejette le corps en arrière et file. A force de s'y appuyer, la planchette a pris l'empreinte du pouce, et le pouce, insensibilisé, celle de la planchette. Peu à peu aussi, il se dépouille, tout en ramant, de sa tunique, de sa veste; il entr'ouvre sa chemise, et si la course durait, il arriverait nu comme son pouce. Mais le caïque file sur l'eau comme une flèche, bondit sur la vague, prend les courants, nage à travers les remous que soulèvent les vapeurs qui passent, glisse sous la quille des voiliers, rase les chalands et contourne les vieilles galères comme un oiseau qui voltige autour du tronc vermoulu d'un vieux chêne. Ce serait charmant si l'on ne sentait des fourmis dans les jambes immobilisées, et si le flot parfois ne vous soulevait à hauteur de nausée.

Nous débarquons à Scutari. C'est jour de marché. D'ailleurs, je crois que c'est toujours jour de marché ici. Nous prenons des chevaux, et nous piquons un galop dans la direction du couvent des Derviches, situé à mi-côte de la ville. C'est une sensation, quoi que l'on dise, de fouler pour la première fois le sol de l'Asie et d'avoir laissé l'Europe derrière soi. D'ailleurs, bien que Scutari soit en face de Stamboul, cependant une différence réelle distingue les deux villes musulmanes. Évidemment l'Européen est moins connu ici qu'à Stamboul même, et la foule nous regarde d'un air plus oblique. Les femmes turques y sont plus nombreuses de beaucoup, dans la rue, qu'à Stamboul. Les costumes y paraissent plus éclatants, le tumulte plus grand, le monde musulman plus vivant et plus à son aise. Le noir surtout et la femme noire y sont beaucoup plus nombreux qu'à Stamboul. Ils franchissent difficilement le Bosphore, et se cramponnent au sol asiatique, où ils se sentent chez eux.

Scutari, c'est la terre d'origine que le musulman contemple avec vénération d'au delà du Bosphore. Son cimetière est le plus beau, le plus vaste, le plus soigné. Les Turcs opulents qui meurent à Stamboul ou à Constantinople, — car on s'habitue tellement et si vite à désigner les quartiers, à parler de Péra, de Galata et de Stamboul, qu'on oublie qu'on est à Constantinople, — les Turcs opulents se font enterrer à Scutari, dans la terre d'Asie, où ils croient leurs restes plus rapprochés du Prophète que sur la rive d'Europe. Être enterré à Scutari, c'est le *chic* suprême.

VI

Après un galop de dix minutes, nous arrivons au couvent des Derviches. Tout s'y prépare. Cette fois, nous *verrons* hurler, car la vue est plus frappée que l'ouïe.

Le spectacle n'est ni beau ni élégant. C'est une étude pathologique qui intéresse surtout le docteur Charcot, mais qui n'en demeure pas moins une curiosité bizarre, irritante et tout à fait en dehors des données européennes.

Il y a là dedans une question de sincérité qui s'impose, et je suis convaincu qu'à travers la souffrance nerveuse à laquelle ils atteignent, ces forcenés doivent sentir la morsure d'une sensation aiguë quelconque, qui échappe peut-être à leur propre perception dans l'emportement féroce qui les saisit et finit par les envelopper.

Nous entrons dans une petite cour proprette, à moitié couverte, dans laquelle quelques Derviches à barbe grise, accroupis par terre, sont plongés dans la lecture du Coran. Un petit garçon coiffé du turban, fils de Derviche, penché sur le sol, tire, d'un puits à fleur de terre, une eau limpide qu'il transvase dans des carafes d'une transparence éblouissante.

A droite, une sorte de café, séparé par un grand vitrage de la cour que nous traversons, renferme un certain nombre d'autres Derviches qui attendent dans la méditation l'heure de l'exercice. Cette cour est certainement le coin le plus charmant de ce couvent. Aussitôt que nous entrons dans l'endroit même où la cérémonie aura lieu, tous sans exception nous sommes frappés par la banalité grossière de ce qui nous entoure. Cela ressemble à un Casino Cadet de faubourg ou de province : une espèce de salle de danse de dimension restreinte, avec une galerie au premier étage et au rez-de-chaussée. Au premier, la galerie est coupée en deux. La moitié, fermée par des grillages mystérieux, cache les femmes qui assistent à l'exercice. L'autre moitié nous est abandonnée, et nous nous plaçons soit en haut, soit en bas, dans la partie restée libre. Sur le parquet du milieu, des peaux de moutons blanches et noires plus ou moins symétriquement rangées servent de tapis aux Derviches. Au fond, dans une niche, des ornementations vulgaires, des œufs d'autruche, des armes, des carafes remplies d'eau, des tambours de basque et des cymbales. Sur les deux côtés du mur auprès de la niche, l'étendard vert de la guerre sainte, le parafe symbolique du Prophète, des versets du Coran; aux quatre angles du plafond, quatre petits lustres en verre commun, et au milieu une suspension à réflecteur blanc transparent, qui rappelle exactement la salle à manger d'une corsetière du Marais. C'est dans ce milieu trivial, qui exclut toute idée philosophique ou religieuse, que va se produire cet exercice dont j'ai vu les imaginations européennes si vivement frappées, qui commence par une psalmodie et qui finit par des accès hystérico-épileptiques.

Au début, la récitation des versets du Coran faite sur un ton nasillard et en fausset sur lequel se détache par intervalles, en un chœur grave et sonore, le nom d'Allah! poussé par une douzaine de Derviches accroupis en face du chef, produit un effet harmonique; mais peu à peu la scène change, grotesque d'abord, hideuse ensuite. Un vieux Derviche, dépouillant sa tunique doublée en peau de lapin, s'assied par terre. Il commence à réciter des versets du Coran. Un certain nombre de Derviches ou de leurs disciples, debout, serrés les uns contre les autres, après chaque verset rapidement récité et dont le mouvement s'accélère de plus en plus, poussent, en l'accompagnant par un quadruple mouvement en avant, en arrière, à droite et à gauche, le cri d' « Allah »! Après dix minutes de cet exercice, le vertige semble s'emparer de la troupe sauvage, la sueur perle de leur front, bientôt, ruisselle de leurs vêtements. Le diapason de la voix s'altère, aigu chez les uns, rauque chez les autres; le mouvement s'accélère de plus en

VUE DE CONSTANTINOPLE PRISE DE GALATA.

plus. Les versets se succèdent les uns les autres de façon à supprimer l'intervalle qui les sépare, et les cris d'Allah! se suivent sans interruption. Le chronomètre à la main, je constaté que dans les quarante-cinq minutes que dure ce hideux spectacle, l'espalier hurlant a fait dix-huit cents fois le quadruple mouvement qu'il décrit. Cela est épouvantable. Il y a là un homme d'un aspect répugnant, au nez crochu, avec de longs cheveux grisonnants, qui se dénouent par la violence du mouvement et qui, dans leur désordre sauvage, accompagnent comme un flot furieux les mouvements épileptiques de ce forcené : un grand nègre couleur d'ébène, dont la tête grimace comme sous une douleur aiguë, et dont la sueur changée en écume blanche finit par ruisseler sur le corps sombre comme sur celui d'un cheval noir qui vient de courir un prix. Tout cela est horrible à voir.

VII

C'est le lendemain vendredi que nous devions assister à la fête du Courbam-Baïram et entrevoir le Sultan.

Grand mystère! A minuit, on ignore encore où aura lieu la cérémonie; on nous avertit seulement qu'on viendra nous réveiller à cinq heures, que des voitures viendront nous prendre et que... nous irons à la recherche de l'endroit où la fête devra se passer. La matinée est fraîche, mais belle; nous descendons, toujours en file de noce, vers la vallée de Dolma-Bagchi, et nous suivons pour nous guider la haie des soldats qui se forme, et qui nous conduit comme un indice certain jusqu'à la petite mosquée de Bechic-Tache. C'est en effet là que va se rendre le Sultan vers neuf heures. Les Tcherkesses, avec leurs costumes pittoresques, leur attitude résolue, forment la haie. Des troupes rangées en ligne dessinent la place triangulaire qui précède la mosquée, et continuent au bord de la route qui conduit à Yildiz-Kiosque. La foule se presse derrière eux.

Le corps de garde en face de la mosquée est en mouvement, mais c'est en vain que nous tentons d'y pénétrer. Ahmet-Pacha n'est plus là pour nous ouvrir le chemin. Deux d'entre nous s'adressent à un officier supérieur tout couvert de broderies d'or et lui exposent notre situation. On nous engage à prendre d'assaut un café voisin, dont nous nous emparons en effet, nous établissant aussitôt sur le rebord des fenêtres; puis, peu à peu, sous l'œil puissant de notre nouveau protecteur, quelques-uns d'entre nous se mettent debout sur les chaises placées sur le trottoir, et nous voici bien en vérité aux premières loges.

Après une heure d'attente, les acclamations des troupes et le chant des sophtas nous avertissent de l'approche du Commandeur des croyants. Le Sultan arrive en voiture fermée, d'une richesse modeste, et qui ne rappelle en rien le faste légendaire des anciens sultans. Des aides de camp sur de petits chevaux agiles passent pour donner des ordres, mettent pied à terre pendant que le cheval est encore lancé en plein galop, au point de nous arracher un mouvement de terreur, car nous croyons à une chute formidable. Puis, la cérémonie terminée à l'intérieur, le Sultan, sur un cheval blanc richement harnaché, l'air grave, presque sombre, paraît à nos yeux. Saïd-Pacha, le grand vizir, les ministres, quelques généraux, ont formé à cheval un cortège étincelant qui le précède. D'autres officiers généraux, brillant dans leurs uniformes variés et pittoresques, font à Abd-ul-Hamid une suite à pied qui se déroule avec ses costumes fantastiques et solennels sous nos yeux ravis.

A côté du Sultan, étincelant plus que personne, marche auprès d'Osman-Bey, le premier chambellan, le chef des eunuques, *Darus-Saadet-Aghassi* (gardien des portes de la félicité). Qu'il est beau, ce gardien des portes de la félicité ! Sous son fez rouge se détache sa tête noire comme le jais. Ses mentons superposés, portés avec une fierté haute, s'étalent sur une poitrine chamarrée de décorations. Il est grand, fort, et l'on sent que sur ses épaules athlétiques repose le fardeau d'un pouvoir occulte et puissant.

Le Sultan se rend à Dolma-Bagchi, où a lieu la réception officielle. C'est là que les hauts fonctionnaires de l'empire sont admis à baiser le bout du manteau du Calife, autorisés, suivant leur rang, à s'avancer vers la droite ou vers la gauche du Sultan, et à baiser la traîne de ce manteau impérial, qui s'allonge à volonté sous la main d'un chambellan qui connaît le rang assigné à chacun, à des distances tantôt très rapprochées de la personne auguste du Souverain, et tantôt éloignées de plusieurs mètres, sans que le mortel dédaigneux revêtu de cette pourpre immense daigne abaisser vers eux son regard souverain.

Dans la soirée de ce même jour, nous assistons au spectacle écœurant, grossier et sans attrait, du Karaghieu, le Guignol populaire de la Turquie. Autrefois, ce Guignol-là était un pamphlétaire violent, insolent et injurieux. Il lui arrivait alors de représenter quelque ambassadeur étranger devenu impopulaire par suite d'événements politiques, en grand uniforme, subissant le dernier des outrages, et bien des fois les attaques du Karaghieu firent l'objet de pourparlers diplomatiques.

Aujourd'hui ce côté-là a disparu, et le Karaghieu ne demeure plus qu'un spectacle repoussant à l'œil, dont les commentaires hurlés en langue turque n'atténuent point pour des oreilles européennes le révoltant aspect.

VIII

A l'heure matinale où le Bosphore est encore endormi et la cité déjà éveillée, quand le soleil est au zénith, quand on essaye de saisir la profonde respiration de la ville au sein de la nuit, ce que l'on entend : aboiements, hurlements sonores ou plaintes aiguës, c'est toujours la voix des chiens, de ces chiens que l'on est tenté de prendre en aversion avant de les avoir vus, tant il est impossible de dire à quelqu'un qu'on va là-bas, sans qu'il vous réponde : « Oh ! alors, vous verrez les chiens ! »

Eh bien, oui, je les ai vus, les pauvres chiens de Constantinople, et j'ai comparé leur sort malheureux aux somptuosités moelleuses dont on entoure ici leur race enviée, et dont je suis depuis longtemps la victime volontaire et ravie.

Pauvres bêtes ! Quelle profonde résignation on lit dans leur œil inquiet, attristé par l'incertitude de la minute qui succède à la minute qui s'écoule ! Avec quelle douceur ils s'écartent des voitures et des passants ! Avec quelle morne philosophie ils assistent aux repas inaccessibles que font en plein air les marchands de la rue des Maltais !

Jamais je n'ai vu personne leur jeter une aumône, sauf, pourtant, une fois, devant un corps de garde de Nichanne-Tache, où un soldat, sur le pain noir qu'il mangeait en le frottant contre une croûte de fromage, donnait de temps en temps quelques bribes à l'un d'eux, qui accompagnait ce festin par les frétillements précipités de sa queue en trompette !

Pauvres bons chiens de Constantinople ! que de misères vous supportez avec courage, et que de souffrances qui n'éclatent point en hurlements aigus !

On me dit que votre nombre diminue. Tant pis ! vous êtes le grand égout collecteur qui absorbe et qui triture toutes les immondices jetées sur la voie publique. Votre estomac, toujours vide et avide, dévore ce qui tombe des fenêtres et des hottes, et c'est vous, vous et les larges brises qui vont de la Marmara à la mer Noire, qui avez, plus d'une fois, sauvé de la peste la grande Byzance et les kiosques perdus dans les replis verdoyants de ses collines ombreuses. On en trouve pourtant encore des milliers et des milliers dans les rues les mieux habitées comme dans les plus obscures. Il y en a des grappes dans le quartier juif et sur la route de Besseli. Toujours les mêmes : jaunes, pareils au renard, avec le museau pointu, les oreilles en l'air, la queue traînante et les cuisses efflanquées. Leur race ne change jamais.

Parfois pressés les uns contre les autres, tout à coup, comme sur un mot d'ordre, tous ces chiens, en groupes, en chœur, en masses compactes, se mettent à se gratter avec fureur.

Alors c'est comme une contagion, une force majeure ! Les maisons vous apparaissent décrépies et comme écorchées. Tout se gratte autour de vous. Le cocher qui vous conduit, le marchand au fond de sa boutique, l'acheteur qui se dispute avec lui, le passant qui les regarde, tout s'agite, se remue, se trémousse de haut en bas, de droite à gauche, en un mouvement de friction violente et continue, et quand vous rentrez chez vous, horreur! tout à coup dans la glace où vous vous regardez, vous apercevez un être hagard, rouge, incohérent, qui se gratte avec rage, et dont vous arrêtez à grand'peine les soubresauts enflammés!

Pauvres chiens de là-bas! Je les vois encore qui me regardent avec leurs grands bons yeux dilatés par la stupéfaction!

Je revenais de Térapia et j'abordai à Top-Hané. Une idée me int. Je ne voulais pas quitter Constantinople sans m'être offert le plaisir de donner à ces pauvres abandonnés un régal unique, au

FONTAINE A STAMBOUL.

nom de mon vieux *Pluton*, qui dort sous mes yeux pendant que j'écris ces lignes, et je fis apporter quelques paniers de pain. En un clin d'œil, comme si, dès la première bouchée, une commotion électrique s'était communiquée à tous les chiens de Galata, comme si un message mystérieux les avait avertis qu'un gros nabab venu des pays lointains offrait un régal intense à la gent canine de la cité, ils accouraient en nombre invraisemblable, prenant place le plus près possible de la *Mouche* accostée contre le quai, pendant que, sous les ordres du capitaine, les hommes du bord, à grands coups de coutelas, taillaient dans la croûte dorée des grands pains étalés sur le pont.

Que de cris! que de surprises! quel effroyable craquement de mâchoires! que de hurlements brusquement étouffés par un gigantesque croûton! Mes pauvres hôtes de passage! combien d'entre vous, depuis lors, sont morts de faim, les yeux vainement tournés vers ce quai promis de Top-Hané, où l'abondance est tombée sur vous pendant quelques minutes! Combien auront attendu inutilement le retour du message mystérieux!

Ah! si du moins je pouvais croire que quelques-uns ont trouvé, a la suite de ce festin, une fin sans exemple, et que l'histoire enregistrera un jour ce fait inouï, d'un chien de Constantinople mort pour avoir trop mangé!

IX

La route offrait alors un spectacle vraiment merveilleux. Elle est admirablement dessinée et monte par une pente douce, taillée dans les flancs d'une colline verdoyante et parsemée d'arbres. Ce qui reste de l'ancienne colline dans laquelle on l'a taillée forme un talus incliné des deux côtés, allant d'un côté vers la route nouvelle et de l'autre s'abaissant vers la route ancienne.

Les deux talus, sur tout le parcours, étaient couverts d'hommes, de femmes et d'enfants, accourus pour voir le Sultan sur son passage. Ce sont là les rares occasions où les femmes et enfants turcs sortent pour assister à un spectacle extérieur, et nul musulman n'oserait défendre aux siens de s'y rendre. Sur les pelouses vertes des talus et sous l'ombre légère des arbres, les couleurs voyantes et harmonieuses des féredjés aux manteaux rayés de deux couleurs, rouge et jaune, violet et blanc, bleu et rose, se détachaient avec un éclat particulier, ponctués en rouge par la coiffure des garçons qui gambadaient à travers les groupes.

Les femmes avaient autour du visage ces voiles, de plus en plus transparents, contre lesquels tonnent pour la forme des iradés périodiques, qui les rappellent aux voiles épais et qui produisent chaque fois un petit tumulte passager qui dure à peine l'espace d'une journée. Le voile, je crois, est appelé à disparaître sous peu, et les femmes turques, se conformant aux véritables prescriptions du Coran, offriront leur visage ignoré jusqu'ici à la curiosité des voyageurs, en ne conservant que les vêtements flottants qui couvrent leur corps entier avec une parfaite modestie.

Nous arrivâmes aux portes de Yildiz-Kiosque.

Un soldat en faction s'avança vers nous. Effendi, qui nous accompagnait, se pencha vers lui et murmura le mot d'*iradé* : le factionnaire se recula respectueusement, et par une allée qui part de la porte et tourne à droite après cent mètres, nous pénétrâmes par une porte assez basse dans Yildiz-Kiosque. Philippe-Effendi nous quitta un instant pour demander à Osman-Bey, le premier chambellan, de nous faire conduire à la salle des Maréchaux, où l'on nous fit entrer en effet. Un cavedji nous apporta du café et des cigarettes, nous fit asseoir, et on nous pria d'attendre.

Dix minutes plus tard un chambellan parut à la porte, s'inclina et me pria de le suivre. Nous traversâmes deux salons successifs, puis une grande galerie coupée en deux par un paravent rouge, un autre salon recouvert d'une natte fine, et le chambellan qui me précédait me fit signe de m'arrêter à quelques pas. Je pensai que ce chambellan me conduisait auprès d'un des aides de camp du Sultan, qui m'indiquerait quand je pourrais voir son maître.

Au bout de quelques instants, le chambellan que je suivais, et qui s'était arrêté devant une porte ouverte, me fit signe d'approcher, et j'avoue que je fus tout saisi, en m'avançant, de me trouver en face d'Ab-ul-Hamid, qui se tenait debout devant moi.

Le Sultan portait les insignes de maréchal de son armée et l'uniforme de sa garde du corps. Il avait un pantalon bleu à double bande rouge retenu par des sous-pieds, sur des bottes vernies ornées de molettes; la tunique droite avec la médaille militaire qui lui a été décernée par son armée, la capote doublée de rouge, ornée de grands boutons en or rouge unis, le fez rouge sur la tête et un grand sabre à gaine de velours rouge rehaussé d'or damasquiné, la poignée ornée d'une cordelière à gland doré et traînant légèrement sur le sol.

Abd ul-Hamid s'avança vers moi et me tendit la main gantée d'une peau blanche, souple, telle que la portent les officiers européens en tenue de service. Il m'invita à m'asseoir sur un fauteuil, s'assit lui-même sur un sofa couvert d'un damas rouge à grandes fleurs bleues, le dos légèrement appuyé sur un coussin, et fit signe à un chambellan qui se tenait debout à la porte d'entrée.

Ce chambellan était Raghib-Bey, qui, sur un ordre du Sultan, s'assit dans un fauteuil placé à côté du mien.

A ma gauche, entre le fauteuil sur lequel j'étais assis et le sofa sur lequel était le Sultan, se trouvait une petite table en bois doré supportant une plaque de malachite sur laquelle étaient placés une boîte d'allumettes en onyx. un petit cendrier ovale également en onyx et un porte-cigarettes en argent ciselé.

Raghib-Bey allait nous servir d'interprète. La présence d'un interprète enlève, il est vrai, quelque chose à la rapidité de la conversation, mais cet inconvénient est largement compensé par de nombreux avantages. D'abord, quand on se trouve en présence d'un personnage tel que le Sultan, on dit plus facilement sa pensée à un interprète qui la lui transmet qu'on ne la dirait à lui-même. Ensuite, pendant qu'il vous répond, on peut étudier sans préoccupation sa physionomie, puisqu'on ne comprend pas ce qu'il vous dit, et enfin on peut préparer la suite de la conversation; et ce sont trois avantages dont je pus m'apercevoir pendant mon entretien. J'ai pu ainsi étudier à mon aise la physionomie d'Abd-ul-Hamid.

Il est de taille moyenne, mais plutôt élevée, mince et presque maigre; la peau est brune, chaude et sèche; sa barbe est noire, soignée, plutôt courte et épaisse ; la bouche est énergique et triste ; le nez, un nez turc, est grand, allongé, osseux, avec une très légère déviation à l'attache supérieure. L'œil est noir, assez grand, ferme, pensif, pénétrant et sans douceur : il est enfoncé dans son orbite et semble d'une profondeur extrême lorsque le jour éclaire un côté de la face et plonge l'autre dans l'ombre. Le front est large, droit, d'une hauteur moyenne et légèrement plissé. Les cheveux noirs qui paraissent aux tempes, entre la barbe et le fez, sont courts et presque ras. Abd-ul-Hamid a quarante et un ans, mais il paraît davantage, surtout à cause d'une dent qui lui manque dans la rangée supérieure à gauche, presque au milieu. Il parle d'une voix plus haute que ses sujets; sa langue est sonore, ses paroles distinctes, et ses phrases s'allongent et se terminent sans hésitation. Il sourit rarement, mais sa physionomie prend facilement une expression bienveillante, et il approuve avec une satisfaction visible lorsque sa pensée, car il comprend les langues européennes, lui semble fidèlement traduite.

L'audience qu'il m'accorda dura près d'un quart d'heure.

Je retrouvai mes amis dans le salon où je les avais laissés, un peu étonnés de ma longue absence. Quand je sortis d'Yildiz-Kiosque, les nombreux Turcs que nous rencontrâmes me saluèrent par des temoignages de respect.

De Blowitz.

UNE RUE A STAMBOUL.

www.ingramcontent.com/pod-product-compliance
Ingram Content Group UK Ltd.
Pitfield, Milton Keynes, MK11 3LW, UK
UKHW021033200726
13857UKWH00004B/1716